Impressum
Verlag: BABADADA GmbH, Nedderfeld 112 , 22529 Hamburg
Geschäftsführer / Verlagsleitung: Harald Hof
Druck: Books on Demand GmbH, In de Tarpen 42, 22848 Norderstedt

Imprint
Publisher: BABADADA GmbH, Nedderfeld 112 , 22529 Hamburg, Germany
Managing Director / Publishing direction: Harald Hof
Print: Books on Demand GmbH, In de Tarpen 42, 22848 Norderstedt, Germany

škola

ምህር ቤ

učionica
መማሪያ ክፍል
dijeliti
ማካፈል
186/2
tabla
ሰሌዳ
školsko dvorište
የትምህርት ቤት ቅጥር ግቢ
učitelj, nastavnik
መምህር
papir
ወረቀት
pisati
መፃፍ
olovka
pisaći sto
መፃፊያ ጠረጴዛ
lenjir
ማስመሪያ
knjiga
መጽሐፍ
učenik
ተማሪ

to·ba
የጀርባ ቦርሳ

pernica
የእርሳስ መያዣ

drvena olovka
እርሳስ

šiljalo zɜ olovke
የእርሳስ መቅረጫ

gumica
ላጲስ

blok za crtanje
የስዕል ደብተር

2 škola - ትምህርት ቤት

crtež

ስዕል

kist

የቀለም ብሩሽ

kutija s bojama

የቀለም ሳጥን

makaze

መቀስ

ljepilo

ማጣበቂያ

vježbanka

መልመጃ ደብተር

domaća zadaća

የቤት ስራ

broj

ቁጥር

sabirati

መደመር

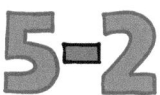

oduzimati

መቀነስ

množiti

ማባዛት

računati

ቁጥሮችን ማስላት

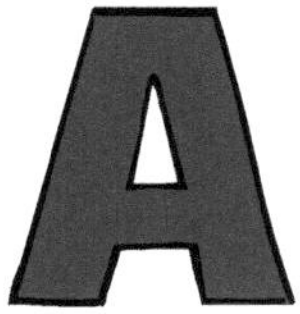

slovo

ደብዳቤ

abeceda

ፊደላት

riječ

ቃል

tekst
....
ፅሑፍ

čitati
....
ማንበብ

kreda
....
ጠመኔ

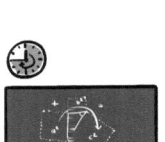

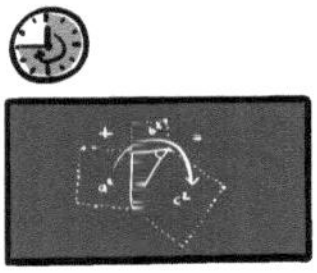

sat
....
ትምህርት

školski dnevnik
....
ምዝገባ

ispit
....
ፈተና

svjedočanstvo
....
ሰርቲፊኬት

školska uniforma
....
የትምህርት ቤት የደንብ ልብስ

izobrazba
....
ትምህርት

leksikon
....
አዉደ ጥበብ

univerzitet
....
ዩኒቨርስቲ

mikroskop
....
የምርምር አጉሊ መሳርያ

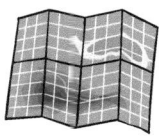

karta
....
ካርታ

korpa za papir
....
የቆሻሻ ወረቀት መጣያ ቅርጫት

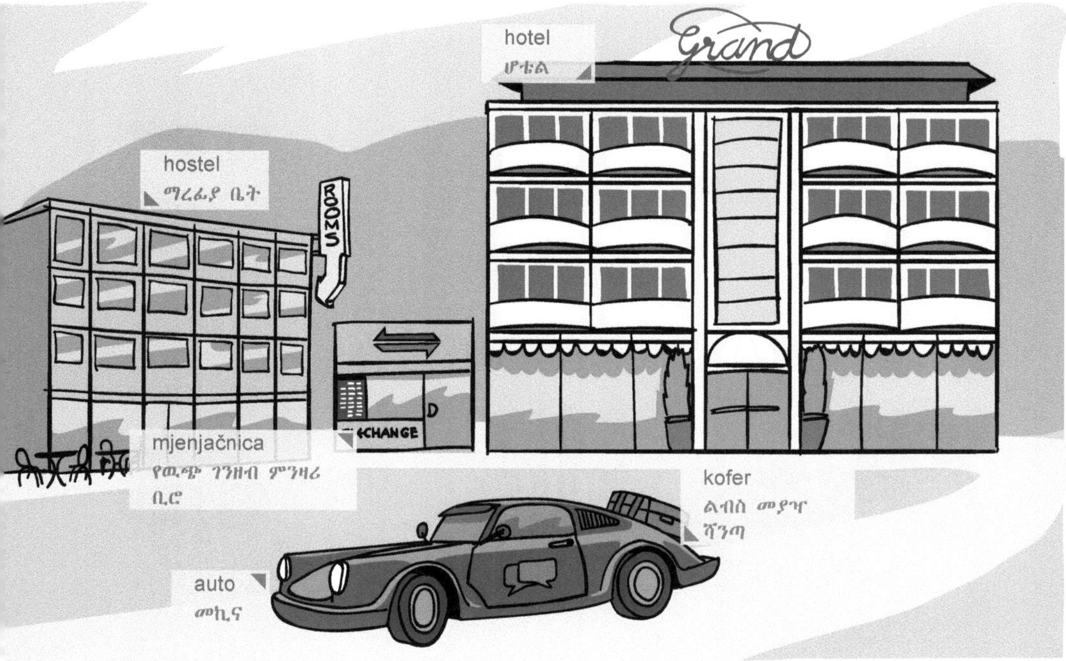

hotel
ሆቴል
Grand
hostel
ማረፊያ ቤት
ROOMS
mjenjačnica
የውጭ ገንዘብ ምንዛሪ ቢሮ
kofer
ልብስ መያዣ ሻንጣ
auto
መኪና

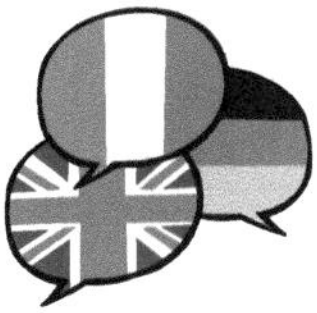

jezik

ቋንቋ

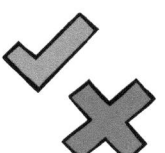

da / ne

አዎ/ አይደለም

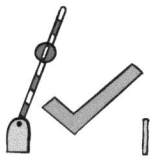

okej

እሺ

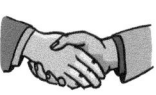

zdravo

ሰላም

tumač

አስተርጓሚ

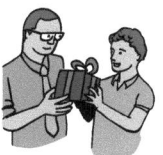

hvala

አመሰግናለሁ

Koliko košta...?

ስንት ነዉ.......?

Ne razumijem

አልገባኝም

problem

እክል

dobro veče!

እንደምን አመሹ!

Dobro jutro!

እንደምን አደሩ!

Laku noć!

መልካም ምሽት!

doviđenja

ደህና ይሰንብቱ

smjer

አቅጣጫ

prtljag

ሻንጣ

torba

ቦርሳ

ruksak

የጀርባ ቦርሳ

gost

እንግዳ

soba

ክፍል

vreća za spavanje

የመተኛ ቦርሳ

šator

ድንኳን

turističke informacije

የጎብኚዎች መረጃ

plaža

የባህር ዳርቻ

kreditna kartica

ክሬዲት ካርድ

doručak

ቁርስ

ručak

ምሳ

večera

እራት

putna karta

ቲኬት

lift

አሳንሰር

poštanska markica

ማህተም

granica

ድንበር

carina

ባህሎች

ambasada

ኤምባሲ

viza

ቪዛ/የይለፍ ወረቀት

pasoš

ፓስፖርት

transport

መጓጓዣ

avion
አዉሮፕላን
brod
መርከብ
vatrogasno vozilo
የእሳት አደጋ መኪና
autobus
አዉቶብስ
kamion
የጭነት መኪና
motorni čamac
የሞተር ጀልባ
biciklo
ብስክሌት
auto
መኪና

trajekt

የማመላለሻ ጀልባ

brod

ጀልባ

motocikl

የሞተር ብስክሌት

policijski automobil

የፖሊስ መኪና

trkaći automobil

የዉድድር መኪና

unajmljeni automobil

የኪራይ መኪና

kar-šering

የመኪና መጋራት

pauk

ጎታች መኪና

smećarsko vozilo

የቆሻሻ ጭነት መኪና

motor

ሞተር

gorivo

ነዳጅ

benzinska pumpa

የቤንዚን ማደያ

saobraćajni znak

የመንገድ ምልክት

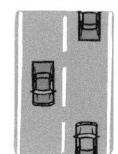

saobraćaj

የመኪኖች እንቅስቃሴ

zastoj

የመኪና መጨናነቅ

parking

የመኪና ማቆሚያ

željeznička stanica

የባቡር ጣቢያ

šine

የባቡር ሀዲዶች

voz

ባቡር

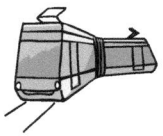

tramvaj

የኤሌክትሪክ ባቡር

vagon

ሰረገላ

helikopter

ሄሊኮፕተር

aerodrom

አየር ማረፊያ

toranj

ማማ

putnik

መንገደኛ

kontejner

ማስቀመጫ፣ ማጠራቀሚያ

karton

ካርቶን እቃ ማሸጊያ

tečke

ጋሪ ተሳቢ

korpa

ቅርጫት

poletjeti / sletjeti

መነሳት/ ማረፍ

grad
ከተማ

selo

መንደር

centar grada

የከተማ ማዕከል

kuća

ቤት

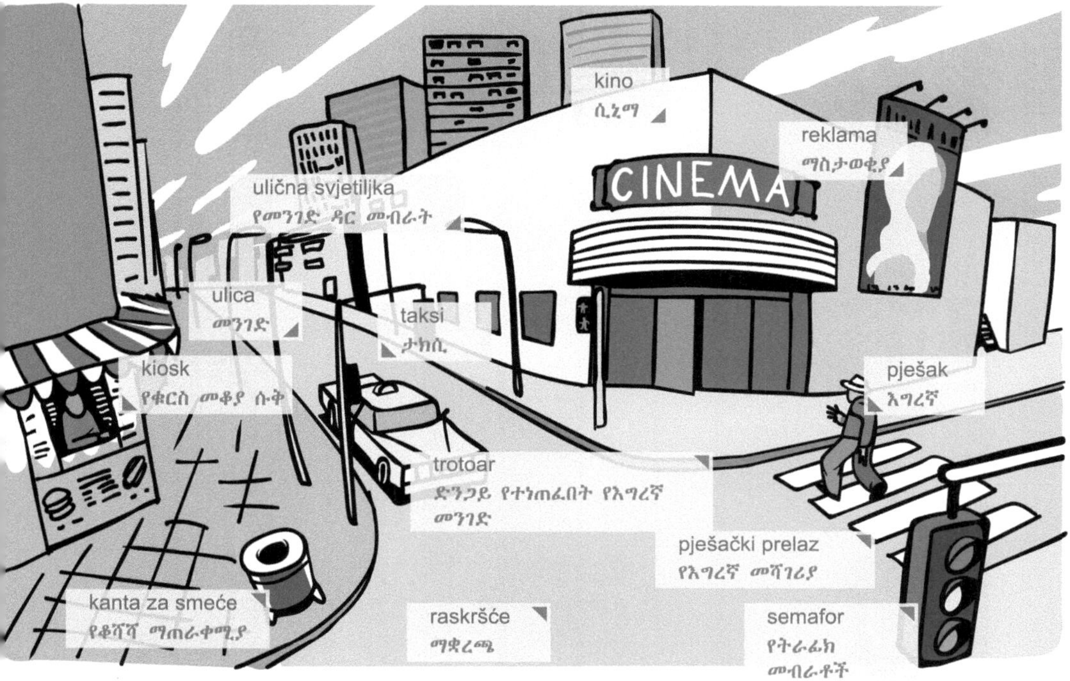

kino
ሲኒማ
reklama
ማስታወቂያ
CINEMA
ulična svjetiljka
የመንገድ ዳር መብራት
ulica
መንገድ
taksi
ታክሲ
kiosk
የቁርስ መቆያ ሱቅ
pješak
እግረኛ
trotoar
ድንጋይ የተነጠፈበት የእግረኛ መንገድ
pješački prelaz
የእግረኛ መሻገሪያ
kanta za smeće
የቆሻሻ ማጠራቀሚያ
raskršće
ማቋረጫ
semafor
የትራፊክ መብራቶች

koliba

ጎጆ

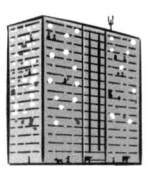

stan

አፓርታማ

željeznička stanica

የባቡር ጣቢያ

vjećnica

የከተማ አዳራሽ

muzej

ቤተ መዘክር

škola

ትምህርት ቤት

univɜrzitet

ዩኒቨርስቲ

banka

ባንክ

bolnica

ሆስፒታል

hɔtel

ሆቴል

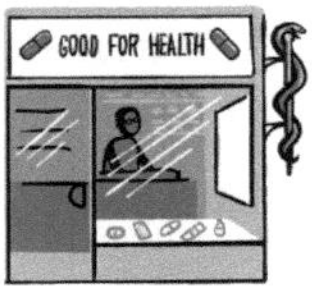

apoteka

መድሐኒት ቤት

ured

ቢሮ

knjižara

መፅሐፍ መሸጫ

radnja

ሱቅ

cvjećara

የአበባ መሸጫ

supermarket

የሸቀጣ ሸቀጥ መደብር

pijaca

ገበያ ስፍራ

robna kuća

መደብር

prodavač ribe

የዓሣ ነጋዴ

trgovački centar

የገበያ ማዕከል

luka

ወደብ

park

መናፈሻ ቦታ

klupa

አግዳሚ ወንበር

most

ድልድይ

stepenice

ደረጃዎች

podzemna željeznica

ዉስጥ ለዉስጥ

tunel

ዋሻ

autobuska stanica

የአዉቶቡስ ፌርማታ

bar

ባር

restoran

ምግብ ቤት

poštanski sandučić

የፖስታ ሳጥን

saobraćajni znak

የመንገድ ምልክት

sat za naplatu parkinga

የመኪና ማቆሚያ ሒሳብ የሚያሰላ ማሽን

zološki vrt

የደር እንስሳት ማቆያ

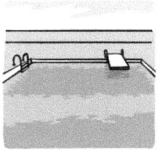

bazen

የመዋኛ ገንዳ

džamija

መስጊድ

seosk◘ imanje

እርሻ

zagađenje okoline

የሚበክል ነገር

groblje

መቃብር ስፍራ

cr‹va

ቤተ ክርስቲያን

igralište

መጫወቻ ሜዳ

hram

ቤተ መቅደስ

krajolik

መልክዓምድር

list
ቅጠል
putokaz
የመንገድ ላይ ምልክት
putokaz
መንገድ
livada
አረንጓዴ መስክ
kamen
ድንጋይ
drvo
ዛፍ
putni‹
በእግሩ የሚጓዝ
rijeka
ወንዝ
trava
ሳር
cvijet
አበባ

dolina

ሸለቆ

brdo

ኮረብታ

jezero

ሀይቅ

šuma

ጫካ

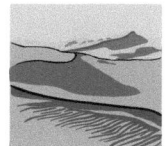

pustinja

በረሃ

vulkan

እሳተ ገሞራ

dvorac

ግምብ

duga

ቀስተ ዳመና

gljiva

እንጉዳይ

palma

የቴምብር ዛፍ/ ዘንባባ

komarac

ቢንቢ/ የወባ ትንኝ

muha

በራሪ

mrav

ጉንዳን

pčela

ንብ

pauk

ሸረሪት

buba

....

ጢንዚዛ

žaba

....

እንቁራሪት

vjeverica

....

ሽኮኮ

jež

....

ጃርት

zec

....

ጥንቸል

sova

....

ጉጉት ወፍ

ptica

....

ወፍ

labud

....

የዉሃ ዳክዬ

divlja svinja

....

ከርከሮ

jelen

....

ኢጋዘን

los

....

አጋዘን

brana

....

ግድብ

vjetrenjača

....

በነፋስ የሚሽከረከር

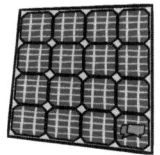

solarni modul

....

የፀሀይ ፓኔሎ

klima

....

አየር ንብረት

restoran

ምግብ ቤት

konobar
አስተናጋጅ
jelovnik
ማዉጫ
stolica
ወንበር
supa
ሾርባ
pica
stolnjak
የጠረጴዛ ጨርቅ
pribor za jelo
መክተፊያ

predjelo

የምግብ ፍላጎትን የሚከፍት ምግብ

glavno jelo

ዋና ምግብ

desert

ማጣጣሚያ ተከታይ ምግብ

piće

መጠጦች

jelo

ምግብ

flaša

ጠርሙስ

brza hrana

ፈጣን ምግብ

jelo sa ulice

የመንገድ ምግብ

čajnik

የሻይ ማንቆርቆሪያ

šećernica

የስኳር እቃ

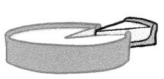

porcija

ድርሻ

mašina za espreso

የቡና ማፊያ ማሽን

barska stolica

ባለጌ ወንበር

račun

የክፍያ ደረሰኝ

tacna

ትሪ

nož

ቢላዋ

viljuška

ሹካ

kašika

ማንኪያ

kašičica

የሻይ ማንኪያ

salveta

ልብስ ምግብ እንዳይነካ የሚረዳ ጨርቅ

čaša

ብርጭቆ

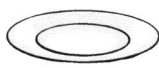

tanjir

ዝርግ ሰሀን

tanjir za supu

የሾርባ ጎድጓዳ ሰሀን

tanjurić

የስኒ ማስቀመጫ

sos

ማጣፈጫ ስጎ

solanik

የጨው እቃ

mlin za biber

የተፈጨ ቃሪያ

sirće

ኮምጣጤ

ulje

የምግብ ዘይት

začini

ቀመማ ቅመሞች

kečap

የቲማቲም ድልህ

senf

ሰናፍጭ

majoneza

ማዮኒዝ

supermarket

የሸቀጣ ሸቀጥ መደብር

ponuda
ልዩ አቅራቦት
FOR
klijent
ደምበኛ
mliječni proizvodi
የወተት ተዋፅዖ
voće
ፍራፍሬ
kolica za kupovinu
ባ ጎማ የእጅ ጋሪ

mesnica- klaonica

ሉካንዳ ነጋዴ

pekara

መጋገርያ

vagati

ክብደት መመዘን

povrće

ቅጠላ ቅጠል አትክልት

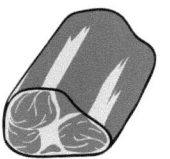

meso

ስጋ

zaleđena hrana

የቀዘቀዘ/የረጋ ምግብ

narezak

ቀዝቃዛ ቁራጭ

konzerve

የታሸገ ምግብ

prašak za veš

የማጠቢያ ዱቄት

slatkiši

ጣፋጮች

kućanski proizvodi

የቤት ዉስጥ ዉጤቶች

sredstvo za čišćenje

የፅዳት ምርቶች

prodavačica

የሽያጭ ባለሙያ

kasa

የገንዘብ መመዝቢያ ማሽን

blagajnik

የሒሳብ ሰራተኛ

lista za kupovinu

የግዢ ዝርዝር

radno vrijeme

ክፍት ሰዓታት

novčanik

የኪስ ቦርሳ

kreditna kartica

ክሬዲት ካርድ

torba

ቦርሳ

najlonska vrećica

የፕላስቲክ ቦርሳ

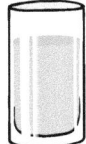

pića

መጠጦች

voda

ውሃ

sok

ጭማቂ

mlijeko

ወተት

kola

ኮካ-ኮላ

vino

ወይን

pivo

ቢራ

alkohol

አልኮል

kakao

ኮካ

čaj

ሻይ

kafa

ቡና

espreso

የተፈላ ቡና

kapućino

ካፑቺኖ

banana

ሙዝ

jabuka

ፖም

narandža

ብርቱካን

lubenica

ሀብሀብ

limun

ሎሚ

mrkva

ካሮት

bijeli luk

ነጭ ሽንኩርት

bambus

ሸምበቆ

crveni luk

ቀይ ሽንኩርት

gljiva

እንጉዳይ

orašasti plodovi

ለዉዝ

pasta

የህፃናት ምግብ

špagete

ፓስታ

riža

ሩዝ

salata

ሰላጣ

pomfrit

የድንቹ ጥብስ

pečeni krompir

ድንች ጥብስ

pica

ፒዛ

hamburger

ዳቦ ዉስጥ በስሱ ተጠብሶ የገባ ስጋ

sendvič

ሳንድዊች

šnicla

ጥሬ ስጋ

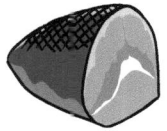

šunka

የአሳማ ስጋ

kobasica

በቅመምና በጨዉ የታሸ ምግብ ቀዝቅዞ የሚበላ ሾርባ ምግብ

kobasica

ቋሊማ

kokoš

ዶሮ

pečenje

ጥብስ

riba

አሳ

zobene pahuljice

የአጃ ገንፎ

muzli

ከወተት ጋር ተደባልቀዉ የሚበሉ ምግቦች

kornfleks

የበቆሎ ቅርፊት

brašno

ዱቄት

kroason

ኩራሳ

zemičke

ድብልብል ዳቦ

kruh

ዳቦ

tost

መጥበስ

keksi

ብስኩት

maslac

ቅቤ

svježi sir

እርጎ

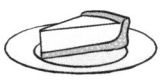

kolač

ኬክ

jaje

እንቁላል

jaje na oko

እንቁላል ጥብስ

sir

አይብ

sladoled

የበረዶ ክሬም

šećer

ስኳር

med

ማር

marmelada

ማርማላት

nugat krema

የተናጠ የወተት ክሬም

kuri

ማጣፈጫ

seosko imanje
እርሻ

seoska kuća
የገበሬ ቤት
sjenik
የእህልና የከብት ማቀመጫ ቤት
bale sjena
የጭድ ክምር
polje
ሜዳ
konj
ፈረስ
prikolica
ተሳቢ መኪና
traktor
የእርሻ መኪና
ždrijebe
የፈረስ ውርንጭላ
magarac
አህያ
ovca
በግ
jagnje
የበግ ጠቦት

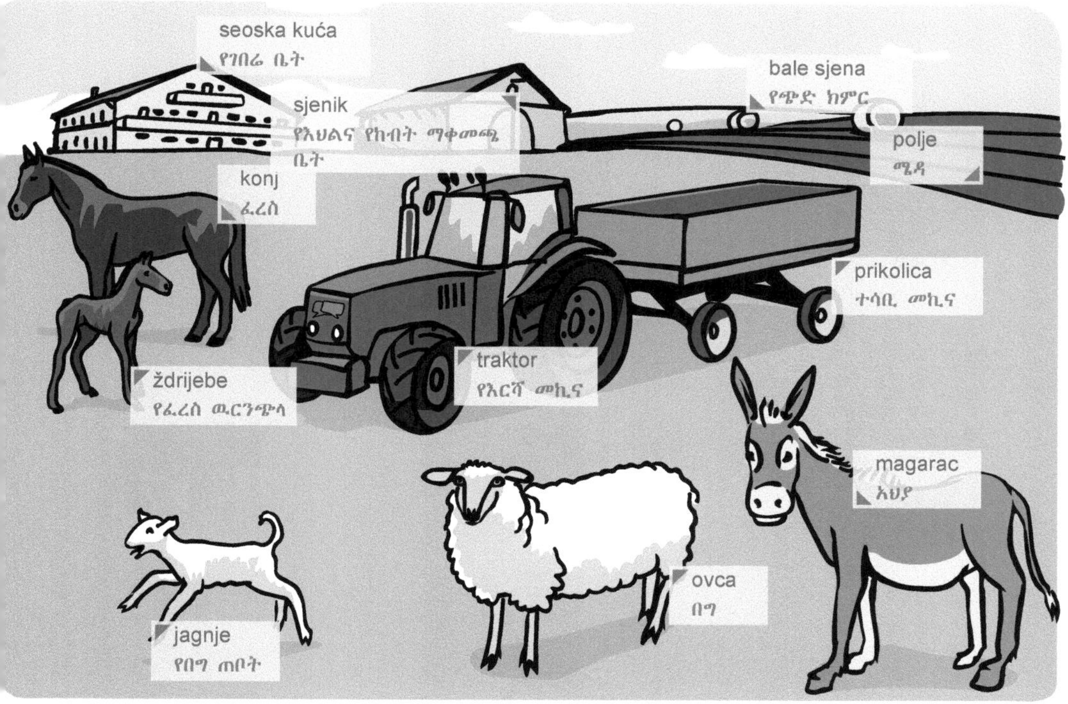

koza

ፍየል

krava

ላም

tele

ጥጃ

svinja

አሳማ

prase

ግልገል አሳማ

bik

ኮርማ

guska

ዝይ

patka

ዳክዬ

pile

የዶሮ ጫጩት

kokoška

ዶሮ

pjetao

አዉራ ዶሮ

pacov

አይጥ

mačka

ድመት

miš

አይጥ

vol

በሬ

pas

ዉሻ

pseća kućica

የዉሻ ቤት

crijevo za baštu

የአትክልት ቦታ

kanta za zalijevanje

ዉሃ ማጠጫ ባልዲ

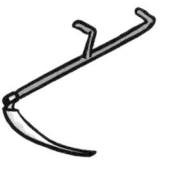

kosa

ረጅም ማጭድ

plug

ማረሻ

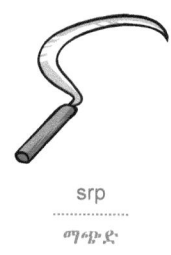

srp

ማጭድ

motika

መኮትኮቻ

vile

የእህል መንሽ

sjekira

መጥረቢያ

tačke

ኩርኩር/ የእጅ ጋሪ

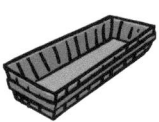

korito

ገንዳ

bokal za mlijeko

የወተት ዕቃ

vreća

ጆንያ ከረጢት

ograda

አጥር

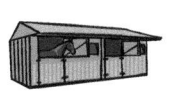

štala

የፈረስ ጋጣ

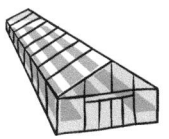

staklenik

ዕፅዋት ማሳደጊያ የመስታዉት
ቤት

tlo

አፈር

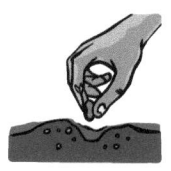

sjeme

ዘር

đubrivo

የመሬት ማዳበሪያ

kombajn

ጥምር ማረሻ

kositi

አዝመራ መሰብሰብ

žetva

አዝመራ

jam korijen

ድንች

pšenica

ስንዴ

soja

ሶያ

krompir

ድንች

kukuruz

በቆሎ

uljana repica

የከብት መኖ

drvo voća

የፍሬ ዛፍ

manioka

የካሳቫ ዛፍ

žito

እህል

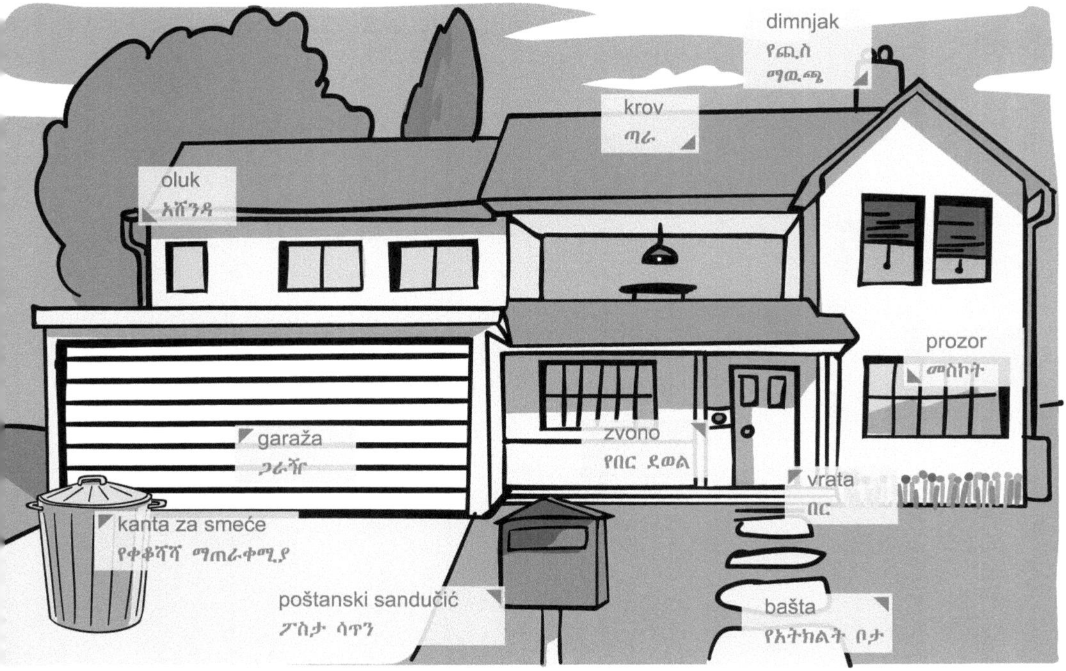

dimnjak
የጢስ ማውጫ

krov
ጣራ

oluk
አሽንዳ

prozor
መስኮት

garaža
ጋራዥ

zvono
የበር ደወል

vrata
በር

kanta za smeće
የቀቆሻሻ ማጠራቀሚያ

poštanski sandučić
ፖስታ ሳጥን

bašta
የአትክልት ቦታ

dnevni boravak

ሳሎን

kupatilo

መታጠቢያ ቤት

kuhinja

ማድቤት

spavaća soba

መኝታ ቤት

dječija soba

የልጅ ክፍል

trpezarija

መመገቢያ ክፍል

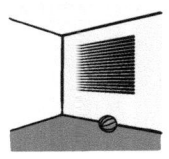

pod, tlo

ወለል

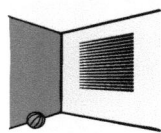

zid

ግድግዳ

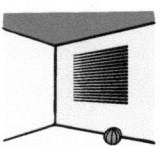

plafon

ጣሪያ

podrum

ምድጓ ቤት

sauna

በእንፋሎት ሙቀት መታጠቢያ ቤት

balkon

ሰገነት

te asa

ከፍ ያለ መደብ

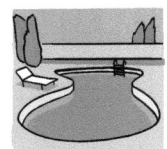

bazen

የመዋኛ ገንዳ

kosilica

የማጨጃ መኪና

pos eljina

አንሶላ

pokrivač

የአልጋ ልብስ

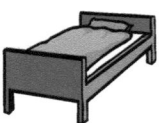

krevet

አልጋ

metla

መጥረጊያ

kanta

ባልዲ

prekidač

ማብሪያና ማጥፊያ

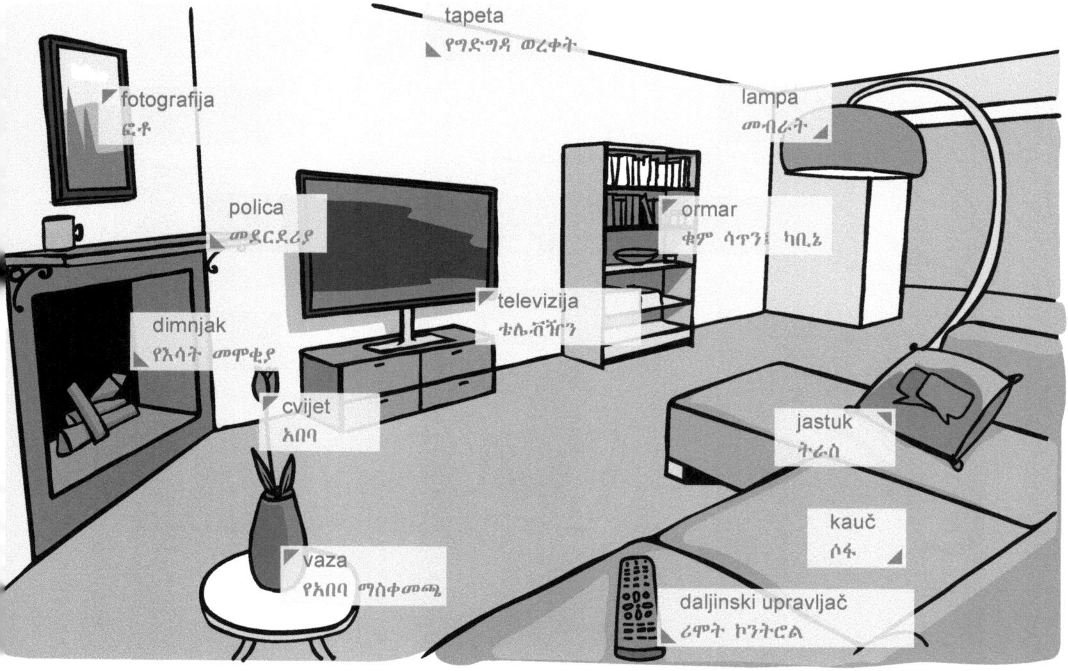

tapeta
የግድግዳ ወረቀት

fotografija
ፎቶ

lampa
መብራት

polica
መደርደሪያ

ormar
ቁም ሳጥን፤ ካቢኔ

dimnjak
የእሳት መሞቂያ

televizija
ቴሌቪዥን

cvijet
አበባ

jastuk
ትራስ

kauč
ሶፋ

vaza
የአበባ ማስቀመጫ

daljinski upravljač
ሪሞት ኮንትሮል

tepih
ንጣፍ

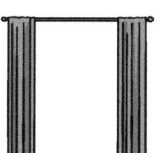

zavjesa
መጋረጃ

stol
ጠረጴዛ

stolica
ወንበር

stolica za ljuljanje
ተወዛዋዥ ወንበር

fotelja
ባለመደገፊያ ወንበር

knjiga

መጽሐፍ

deka

ብርድ ልብስ

dekoracija

ጌጥ

ložno drvo

ማገዶ

film

ፊልም

stereo uređaj

የሙዚቃ መጫወቻ

ključ

ቁልፍ

novine

ጋዜጣ

umjetnička slika

ስዕል

poster

የተለጠፈ ማስታወቂያ እንደ ስዕል

radio

ራዲዮ

blok za bilješke

ማስታወሻ ደብተር

usisavač

የአየር ማጽጃ ለምንጣፍ

kaktus

ቁልቋል

svijeća

ሻማ

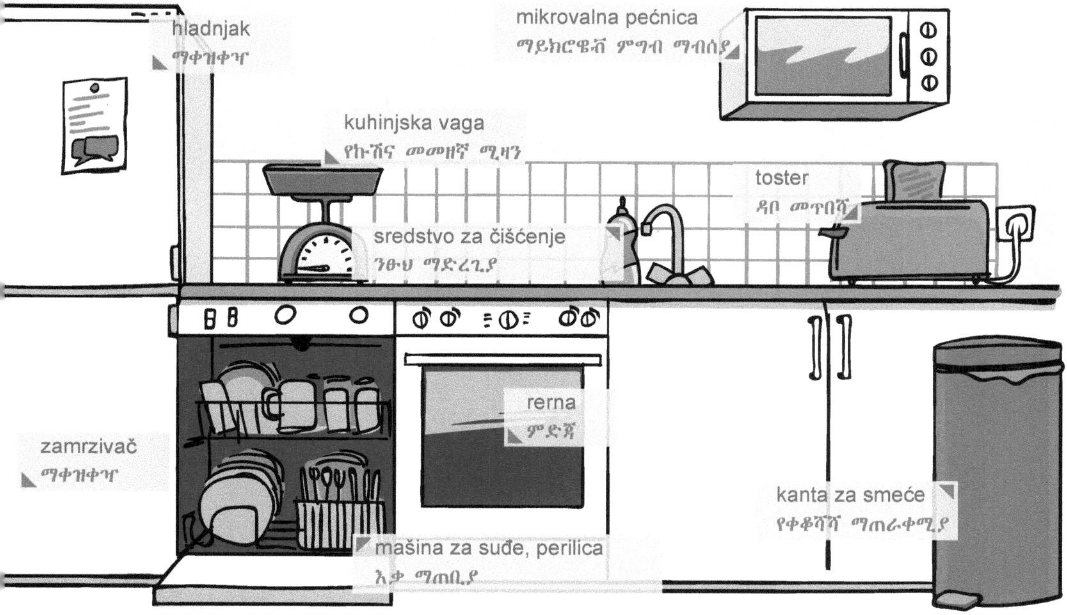

hladnjak
ማቀዝቀዣ

mikrovalna pećnica
ማይክሮዌቭ ምግብ ማብሰያ

kuhinjska vaga
የኩሽና መመዘኛ ሚዛን

toster
ዳቦ መጥበሻ

sredstvo za čišćenje
ንፁህ ማድረጊያ

rerna
ምድጃ

zamrzivač
ማቀዝቀዣ

kanta za smeće
የቆሻሻ ማጠራቀሚያ

mašina za suđe, perilica
እቃ ማጠቢያ

peć

ምግብ አብሳይ

lonac

ማሰሮ

metalni lonac

የብረት ማሰሮ

vok / kadai

ምግብ ማብሰያ ዝርግ ድስት

tava, tiganj

የምግብ መጥበሻ

kuhalo

ማንቆርቆሪያ

aparat za kuhanje na pari

የእንፋሎት ማብሰያ

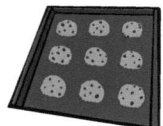

lim za pečenje

የመጋገሪያ ትሪ

posuđe

ሰብሰቦች

šalica

ትልቅ ኩባያ

činija

ጎድጓዳ ሳህን

kineski štapići

ቾፕስቲክስ

kutlača

ጭልፋ

lopatica

መሰቅሰቂያ ዝርግ ማንኪያ

metlica za snijeg bjelanjca

ማደባለቂያ

sito za kuhanje

መወጠሪያ

sito

ወንፊት

ribež

መፈርፈሪያ መሳሪያ

avan s tučkom

ሲሚንቶ

roštilj

የፍም ጥብስ

ložište

የተለቀቀ እሳት

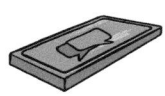

daska

መክተፊያ

oklagija

ተንሸራታች መርፌ

vadičep

የጠርሙስ መክፈቻ

konzerva

ጣሳ

otvarač za konzerve

የጣሳ መክፈቻ

krpe za lonac

የማሰሮ መሸፈኛ

sudoper

ሳህን ማጠቢያ

četka

ብሩሽ

spužva

ስፖንጅ

mikser

መደባለቂያ መሳሪያ

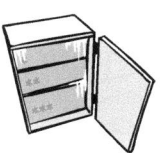

zamrzivač

በጣም ማቀዝቀዣ

flašica za bebu

ጡጦ

slavina

ቧንቧ

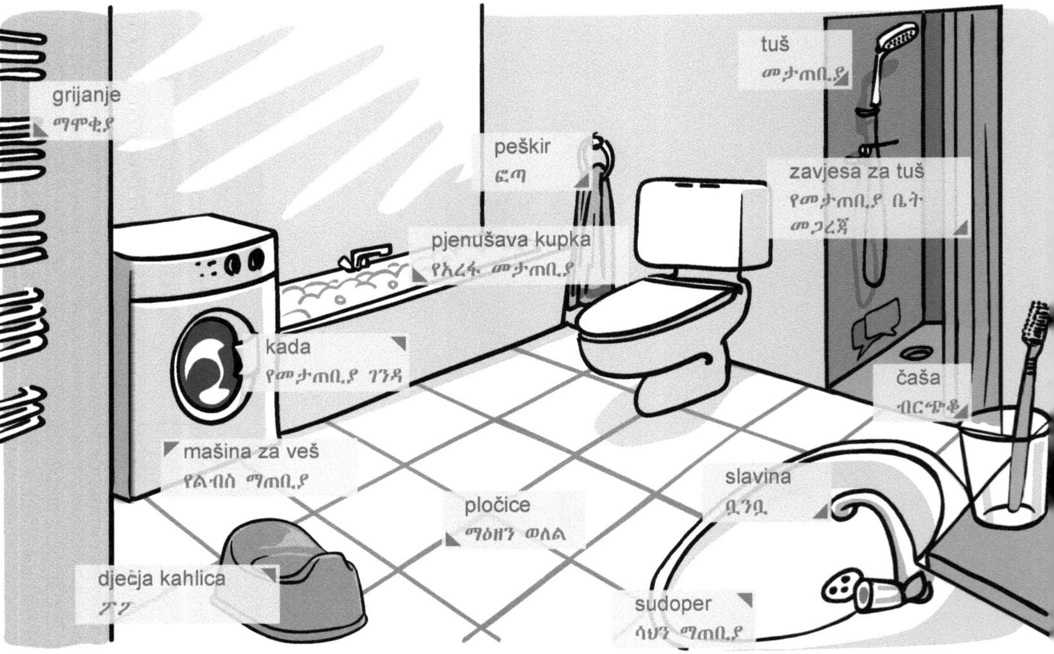

kupatilo

መታጠቢያ ቤት

tuš
መታጠቢያ
peškir
ፎጣ
zavjesa za tuš
የመታጠቢያ ቤት መጋረጃ
pjenušava kupka
የአረፋ መታጠቢያ
kada
የመታጠቢያ ገንዳ
čaša
ብርጭቆ
mašina za veš
የልብስ ማጠቢያ
slavina
ቧንቧ
pločice
ማዕዘን ወለል
dječja kahlica
sudoper
ሳህን ማጠቢያ

toalet

ሽንት ቤት

čučavac

የሽንት ቤት መቀመጫ

bide

ሳፋ

pisoar

የመንገድ ዳር መሽኛ

toalet papir

የሽንት ቤት ወረቀት

četka za wc

የሽንት ቤት ማፅጃ ብሩሽ

četkica za zube

የጥርስ ብሩሽ

pasta za zube

የጥርስ ሳሙና

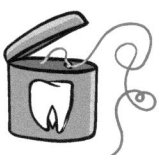

zubni konac

የጥርስ ማፅጃ ክር

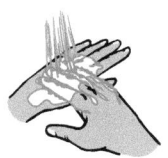

prati

መታጠብ

tuš

የእጅ መታጠቢያ

intimni tuš

መታጠቢያ

lavor

ጎድጓዳ ሳህን

četka za leđa

የጀርባ ብሩሽ

sapun

ሳሙና

gel za tuširanje

የመታጠቢያ የሚዝለገለግ ሳሙና

šampon

የፀጉር መታጠቢያ ሳሙና

krpe za pranje

ለስላሳ ጨርቅ

odvod

ፍሳሽ

krema

ክሬም

dezodorans

ጠረን መቀየሪያ ንጥረ ነገር

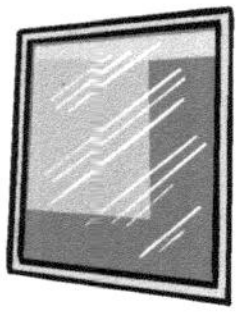

ogledalo

ታወት

ogledalo za šminkanje

የእጅ ስታወት

brijač

ምላጭ

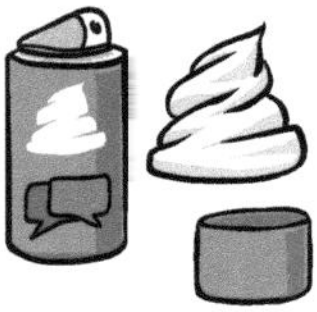

pjena za brijanje

የ ላጫ አረፋ

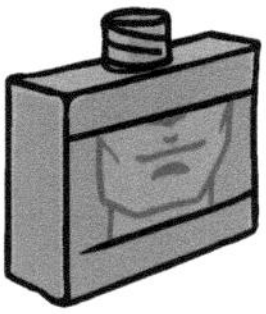

vodica poslije brijanja

ከ ላጨት በኋላ የሚቀባ ሽቱ

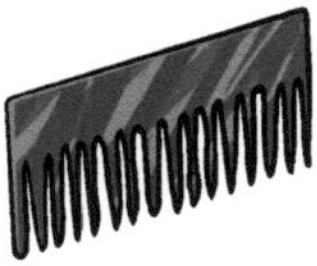

češalj

ማበጠሪያ

četka

ብሩሽ

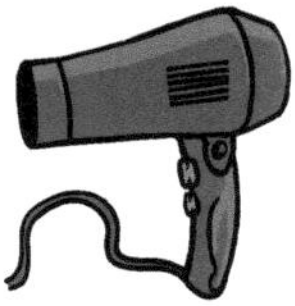

fen

የፀጉር ማድረቂያ

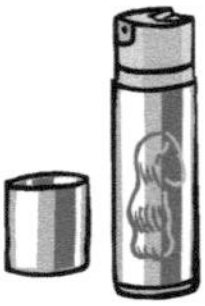

sprej za kosu

በፀጉር ላይ የሚነፋ

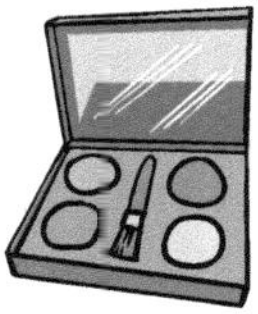

puder

የፊት ቀባቢያ

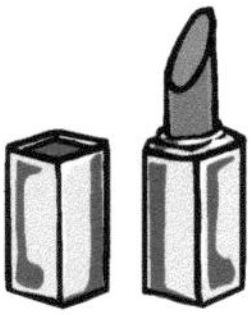

karmin

የከንፈር ቀለም

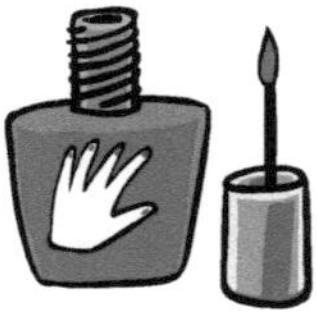

lak za nokte

የጥፍር ቀለም

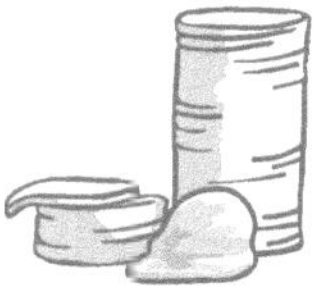

vata

የጥጥ ሱፍ

makazice za nokte

ጥፍር ቁረጫ

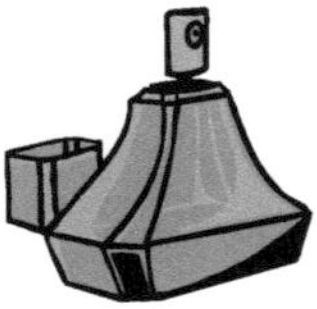

parfem

ሽቶ

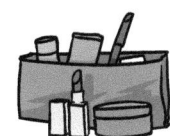

kozmetička torbica

ማጠቢያ ባልዲ

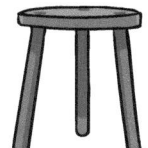

hoklica

መቀመጫ

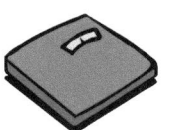

vaga

ሚዛን

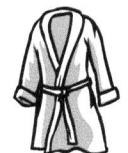

kupaći ogrtač

የመታጠቢያ ልብስ

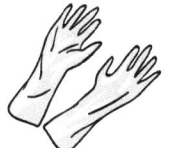

rukavice za čišćenje

የላስቲክ ጓንት

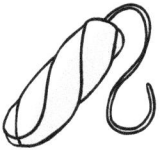

tampon

ሞዴስ

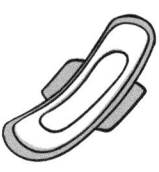

uložak za dame

የፅዳት ፎጣ

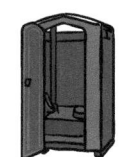

hemijski toalet

የሽንት ቤት ኬሚካል

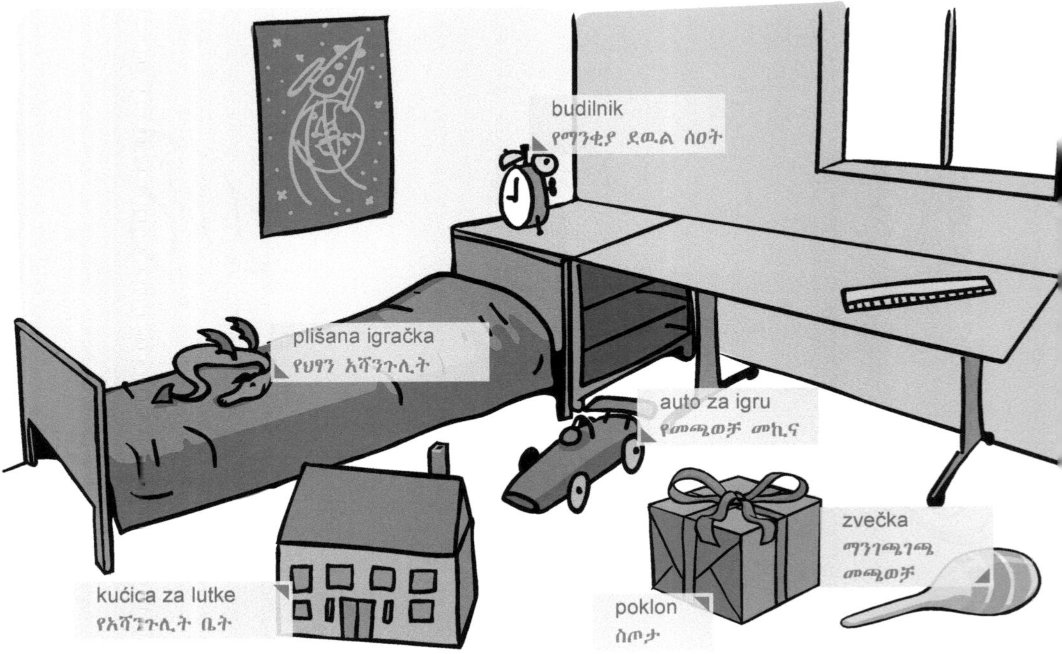

budilnik
የማንቂያ ደዉል ሰዐት
plišana igračka
የህፃን አሻንጉሊት
auto za igru
የመጫወቻ መኪና
zvečka
ማንገጫገጫ መጫወቻ
kućica za lutke
የአሻንጉሊት ቤት
poklon
ስጦታ

balon

ፊኛ

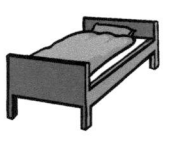

krevet

አልጋ

kolica za djecu

የህፃን ማንሸራሸሪያ ጋሪ

karte za igranje

የካርታ መጫወቻ

puzle

ቁርጥራጭ ምስሎችን የማገጣጠም እና ምስል የማግኘት ጨዋታ

strip

አዝናኝ

lego kockice

ተገጣጣሚ መጫወቻ

kockice za gradnju

የመጫወቻ መገጣጠሚያዎች

akcione figure

የድርጊት ምስል

benkica

የህፃን እድገት

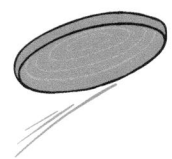

frizbi

የፕላስቲክ መጫወቻ ዝርግ ሰሀን

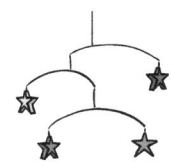

mobile

ተወዛዋዥ የህፃን ማጫወቻ

igra na ploči

የሰሌዳ ጨዋታ

kocka

የመጫወቻ ጠጠር

miniatura željeznice

የመጫወቻ ባቡር

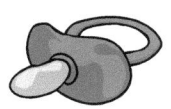

cucla

የእንጀራ እናት ጡጦ

zabava

ድግስ

slikovnica

የስዕል መፅሀፍ

lopta

ኳስ

lutka

አሻንጉሊት

igrati

መጫወት

pješćanik

የአሸዋ መጫወቻ

ljuljačka

ዥዋዥዌ

igračke

መጫወቻዎች

konzola za igru

የቪዲዮ መጫወቻ

triciklo

ባለ ሶስት ጎማ ብስክሌት

medvjedić

የአሻንጉሊት ድብ

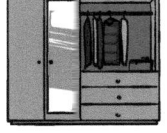

ormar

ቁምሳጥን

odjeća

አልባሳት

kratke čarape

ካልሲዎች

čarape

ስቶኪንጎች

hulahopke

ታይት

šal
የአንገት ልብስ

kišobran
ጃንጥላ

majica kratkih rukava
ከናቴራ

kaiš
ቀበቶ

čizme
ቡቲ

papuče
የቤት ዉስጥ ነጠላ
ጫማ

patike
ስኒከሮች

sandale
ነጠላ ጫማዎች

cipele
ጫማዎች

gumene čizme
የዝናብ ቡትስ

gaće
ሙታንታ

grudnjak
ጡት መያዣ

potkošulja
ስደርያ

odjeća - አልባሳት   45

bodi

ሰዉነት

hlače

ሱሪዎች

farmerke

ጅንስ

suknja

ጉርድ ቀሚስ

bluza

ሸሚዝ

košulja

ሸሚዝ

džemper

የሚጠለቅ ሹራብ

majica

ሹራብ

sako

ዩኒፎርም ጃኬት

jakna

ጃኬት

mantil

ኮት

kišni mantil

የዝናብ ኮት

kostim

ሌብስ

haljina

ቀሚስ

vjenčanica

የሙሽራ ቀሚስ

odijelo

ሱፍ

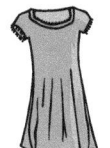

spavaćica

የለሊት ልብስ

pidžama

የለሊት ልብስ

sari

ረጅም ቀሚስ

marama

ሂጃብ

turban

ጥምጣም

burka

ቡርቃ

kaftan

ሽርጥ

abaja

አባያ

kupaći kostim

የዋና ልብስ

kupaće gaće

አጭር ቁምጣ

kratke hlače

ቁምጣዎች

trenerka

የስራ ቱታ

pregača

ሽርጥ

rukavice

ጓንት

dugme

ቁልፍ

naočare

መነፅር

narukvica

አምባር

ogrlica

የአንገት ሀብል

prsten

ቀለበት

naušnica

የጆሮ ጌጥ

kapa

ኮፍያ

vješalica

የኮት መስቀያ

šešir

ኮፍያ

kravata

ክራቫት

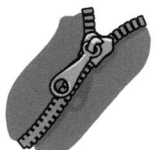

patentni zatvarač

ዚፕ

kaciga

የብረት ቆብ

tregeri za hlače

መደገፊያ

školska uniforma

የትምህርት ቤት የደንብ ልብስ

uniforma

የደንብ ልብስ

48 odjeća - አልባሳት

podbradak

መሃረብ

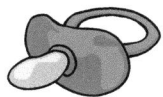

cucla

የእንጀራ እናት ጡጦ

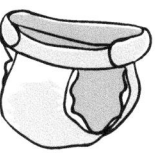

pelene

ሽንት ጨርቅ

ured

ቢሮ

server
ማሰራጫ
ጣቢያ
ormar za kartoteku
የፋይል መደርደሪያ ካቢኔ
papir
ወረቀት
štampač
የህትመት መሳሪያ
monitor
መቆጣጠሪያ
miš
ማዉዝ
pisaći sto
መፃፊያ ጠረጴዛ
registrator
ማህደር
tastatura
የመፃፊ ቁልፎች
korpa za papir
የቆሻሻ ወረቀት መጣያ ቅርጫት
kompjuter
ኮምፒዉተር
stolica
ወንበር

šolja za kafu

የቡና መጠጫ ትልቅ ኩባያ

kalkulator

ማስልያ ማሽን

internet

ኢንተርኔት

laptop

ላፕቶፕ

pismo

ደብዳቤ

poruka

መልዕክት

mobilni telefon

ተንቀሳቃሽ ስልክ

mreža

የግንኙነት አዉታር

aparat za kopiranje

ማባዣ ማሽን

softver

ሶፍትዌር

telefon

ስልክ

utičnica

የግድግዳ ሶኬት

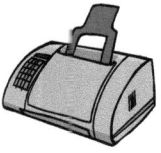

faks

የፋክስ ማሽን

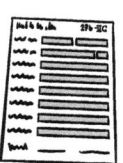

formular

ቅፅ

dokument

ሰነድ

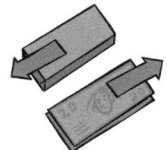

kupovati

መግዛት

platiti

መክፈል

trgovati

መነገድ

novac

ገንዘብ

dolar

ዶላር

euro

ዩሮ

jen

የን

rublja

ሩብል

franak

የስዊዝ ፍራንክ

renminbi jen

ሬንሚንቢ ዩዋን

rupi

ሩጲ

bankomat

የገንዘብ ነጥብ

mjenjačnica

የዉጭ ገንዘብ ምንዛሪ ቢሮ

zlato

ወርቅ

srebro

ብር

nafta

ዘይት

energija

ሀይል፤ ጉልበት

cijena

ዋጋ

ugovor

ግንኙነት

porez

ቀረጥ

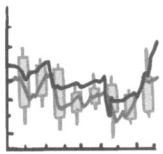

akcija

አክስዮን

raditi

መስራት

službenik

ተቀጣሪ

poslodavac

ቀጣሪ

fabrika

ፋብሪካ

radnja

ሱቅ

policajac
የፖሊስ አዛዥ
vatrogasac
የእሳት አደጋ ሰራተኛ
kuhar
ምግብ አብሳይ
ljekar
ዶክተር
pilot
አብራሪ

baštovan

አትክልተኛ

stolar

አናጢ

krojačica

ልብስ ሰፊ ሴት

sudija

ዳኛ

hemičar

ቀማሚ

glumac

ተዋናይ

vozač autobusa

የአዉቶቢስ ሹፌር

vozač taksija

የታክሲ ሹፌር

ribar

አሳ አጥማጅ

čistačica

ፅዳት ሰራተኛ

krovopokrivač

የጣራ ሰራተኛ

konobar

አስተናጋጅ

lovac

አዳኝ

moler

ሰዓሊ

pekar

ጋጋሪ

električar

የኤሌትሪክ ሰራተኛ

građevinski radnik

ገምቢ

inženjer

መሃንዲስ

koljač

ልኳንዳ

limar, vodoinstalater

የቧንቧ ሰራተኛ

poštar

የፖስታ ሰራተኛ

vojnik

ወታደር

arhitekta

መሃንዲስ

blagajnik

የሒሳብ ሰራተኛ

cvjećar

አበባ ሻጭ

frizer

የፀጉር ሰራተኛ

kontrolor

ቲኬት ቆራጭ

mehaničar

መካኒክ

kapiten

ካፒቴን

zubar

የጥርስ ሐኪም

naučnik

ተመራማሪ

rabin

መምህር

imam

የሙስሊም ሃይማኖታዊ መሪ

monah

መነኩሴ

sveštenik

ካህን

alat

ሳሪያዎች

čekić
መዶሻ
kliješta
ተቆላፊ ጉጠት
izvijač
መፍቻ
vijčani ključ
የመሳሪ መፍቻ
džepna lampa
ባትሪ

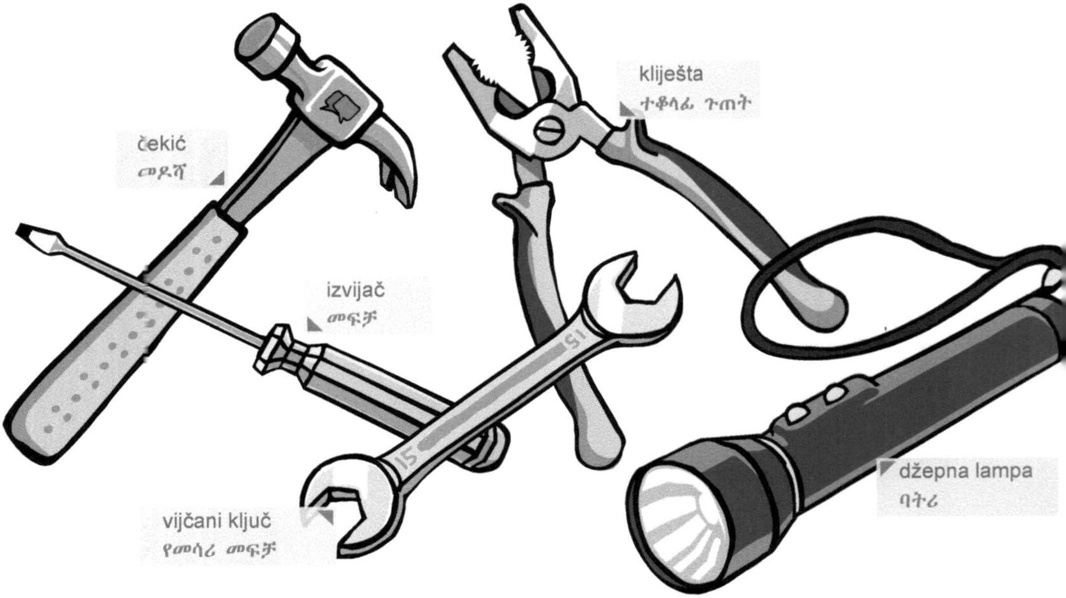

bager

በቁፋሮ የሚዝቅ

kutija sa alatom

የመፍቻ ሳጥን

ljestve

መሰላል

testera, pila

መጋዝ

ekser

ምስማር

bušilica

መሰርሰሪያ

popraviti

መጠገን

lopata

አካፋ

sranje!

የተረገመ!

lopatica

ቆሻሻ ማፈሻ

kanta boje

የቀለም ቆርቆሮ

vijak

ብሎን

muzički instrumenti

የሙዚቃ መሳሪያዎች

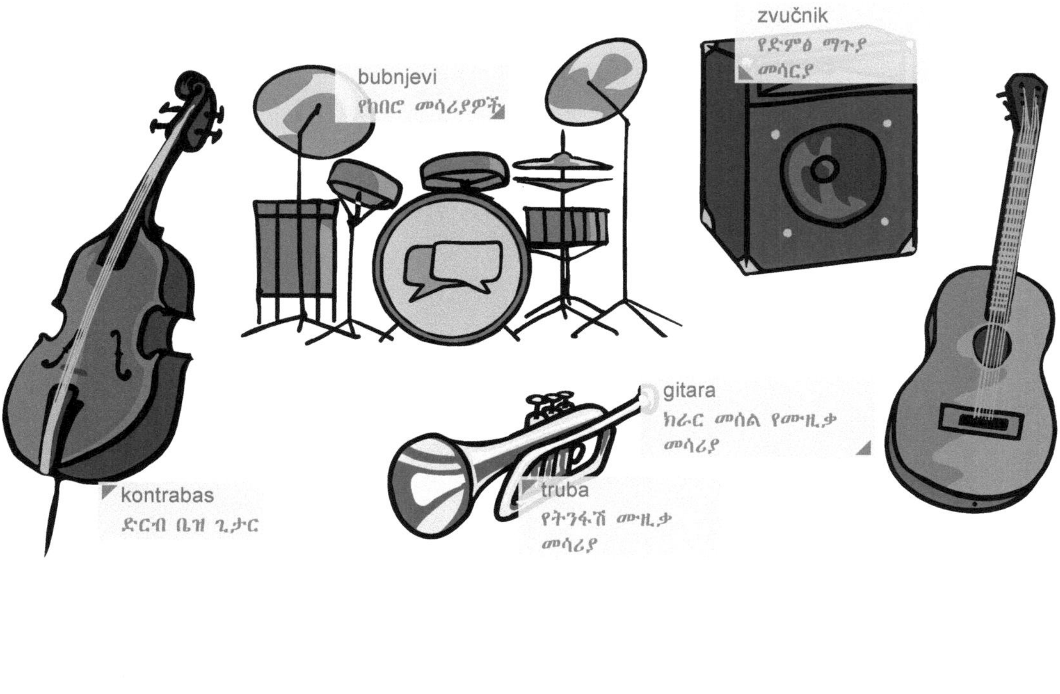

zvučnik

የድምፅ ማጉያ መሳርያ

bubnjevi

የከበሮ መሳሪያዎች

kontrabas

ድርብ ቤዝ ጊታር

truba

የትንፋሽ ሙዚቃ መሳሪያ

gitara

ክራር መሰል የሙዚቃ መሳሪያ

klavir

ፒያኖ

violina

ቫዮሊን

bas

ወፍራም ፤ ጎርናና ድምፅ ያለዉ ክራር መሰል ሙዚቃ መሳሪያ

bubanj timpani

ነጋሪት

bubanj

ከበሮ

sintisajzer

በኤሌክትሪክ የሚሰራ ፒኖ

saksofon

የትንፋሽ ሙዚቃ መሳሪያ

flauta

ዋሽንት

mikrofon

የድምፅ ማጉያ

tigar
ነብር
kavez
ሳጥን
zebra
የሜዳ አህያ
hrana za životinje
የእንስሳ ምግብ
panda
ትልቅ ድብ
ulaz
መግቢያ

životinje
....
እንስሳቶች

slon
....
ዝሆን

kengur
....
ካንጋሮ

nosorog
....
አዉራሪስ

gorila
....
ትልቅ ዝንጀሮ

medvjed
....
ድብ

kɛmila

ግመል

noj

ሰጎን

lav

አንበሳ

mɛjmun

ጦጣ

flamingo

ቅልጥመ ረዥም ወፍ

papagaj

በቀቀን

polarn medvjed

የወዋልታ ድብ

pingvin

የዋልታ ወፎች

morski pas

ረጅም ጥርሶች ያሉትአሳ ነባሪ

paun

ባዎስ

zmija

እባብ

krokodil

አዞ

čuvar u zološkom vrtu

የዱር አራዊት የሚጠበቁበት ማቆያን የሚጠብቅ

tuljan

አሳ በሊታ የባህር እንስሳ

jaguar

የዱር ድመት

poni

ድንክ ፈረስ

leopard

ነብር

nilski konj

ጉማሬ

žirafa

ቀጭኔ

orao

ንስር

divlja svinja

ከርከሮ

riba

አሳ

kornjača

የባህር ኤሊ

morž

የባህር አውሬ

lisica

ቀበሮ

gazela

የሜዳ ፍየል፤ ሚዳቋ

sport
የስፖርት አይነቶች

američki fudbal
የአሜሪካ እግርኳስ
vožnja bicikla
የብስክሌት ስፖርት
tenis
ቴኒስ
košarka
የቅርጫት ኳስ
plivanje
ዋና
boks
የቡጢ ስፖርት
hokej na ledu
የበረዶ ላይ የገና ጨዋታ

fudbal
እግር ኳስ

bedminton
የላበ ኳስ ጨዋታ

laka atletika
አትሌቲክስ

rukomet
የእጅ ኳስ ስፖርት

skijanje
የበረዶ መንሸራተት ስፖርት

polo
ፈረስ ግልቢያ

skakati
መዝለል

smijati se
መሳቅ

zagrliti
ማቀፍ

ići
መራመድ

pjevati
መዘመር

moliti
መፀለይ

ljubiti
መሳም

sanjati
ህልም ማለም

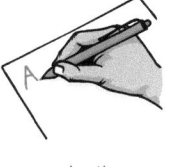

pisati

መፃፍ

crtati

መሳል

pokazati

ማሳየት

gurati

መግፋት

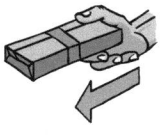

dati

መስጠት

uzeti

መዉሰድ

imati

መያዝ

raditi

ማድረግ

biti

መሆን

stajati

መቆም

trčati

መሮጥ

vući

መሳብ

baciti

መወርወር

pasti

መዉደቅ

ležati

መዋሸት

čekati

መጠበቅ

nositi

መሸከም

sjediti

መቀመጥ

obući

መልበስ

spavati

መተኛት

probuditi

መንቃት

pogledati

መመልከት

plakati

ማለልቀስ

milovati

መጫር

češljati

ማበጠር

govoriti

ማዉራት

razumjeti

መረዳት

pitati

ጥያቄ

slušati

ማዳመጥ

piti

መጠጣት

jesti

መብላት

pospremiti

ማንፃት

voljeti

ማፍቀር

kuhati

ምግብ ማብሰል

voziti

መንዳት

letjeti

መብረር

jedriti

መርከብ መንዳት

računati

ቁጥሮችን ማስላት

čitati

ማንበብ

učiti

መማር

raditi

መስራት

vjenčavti

ማግባት

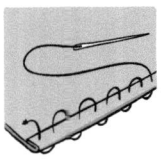

šiti

መስፋት

prati zube

ጥርስ መቦረሽ

ubiti

መግደል

pušiti

ማጨስ

slati

መላክ

baka
የሴት አያት

djed
የወንድ አያት

otac
አባት

majka
እናት

beba
ህፃን

kćerka
ሴት ልጅ

sin
ወንድ ልጅ

gost

እንግዳ

ujna, tetka, strina

አክስት

ujak, tetak, stric

አጎት

brat

ወንድም

sestra

እህት

tijelo

አካል

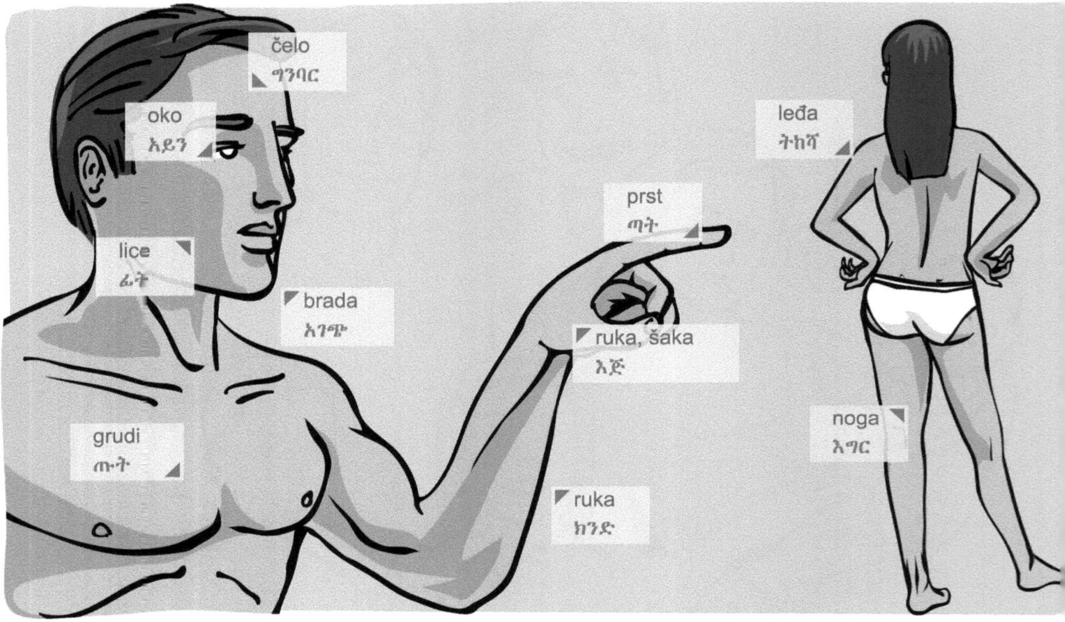

čelo
ግንባር
oko
አይን
leđa
ትከሻ
prst
ጣት
lice
ፊት
brada
አገጭ
ruka, šaka
እጅ
grudi
ጡት
noga
እግር
ruka
ክንድ

beba

ህፃን

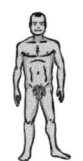

muškarac

ሰዉ

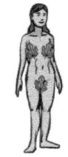

žena

ሴት

djevojčica

ልጃገረድ

dječak

ወንድ ልጅ

glava

ራስ

leđa

ጀርባ

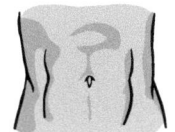

stomak

ሆድ

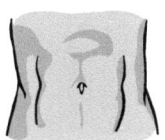

pupak

እምብርት

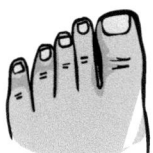

nožni prst

የእግር ጣት

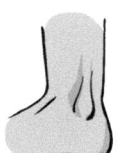

peta

ተረከዝ

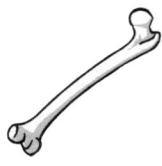

kosti

አጥንት

kuk

ዳሌ

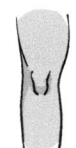

koljeno

ጉልበት

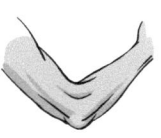

lakat

ክርን

nos

አፍንጫ

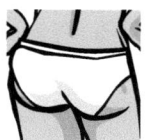

stražnjica

ቂጥ

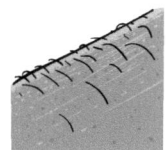

koža

ቆዳ

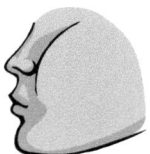

obraz

ጉንጭ

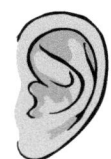

uho

ጆሮ

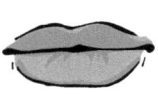

usna

ከንፈር

ʟsta

ኣፍ

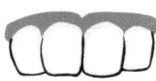

zub

ጥርስ

jezik

ምላስ

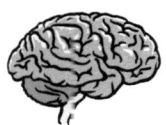

mɔzak

ኢንጎል

srce

ልብ

mišić

ጡንቻ

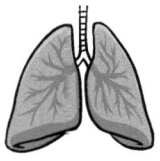

p uća

ሳምባ

jetra

ጉበት

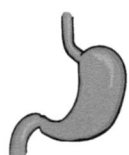

želudac

ሆድ

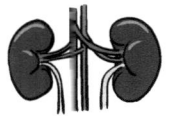

bʟbreg

ኩላሊቶች

spolni odnos

የግብረስጋ ግንኙነት

kondom

ኮንዶም

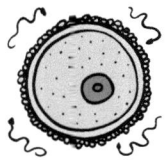

jajna ćelija

የሴት እንቁላል

sperma

የዘር ፈሳሽ

trudnoća

እርግዝና

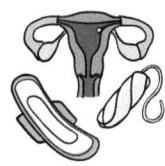

menstruacija

የወር አበባ

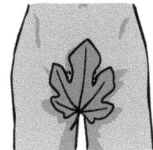

vagina

እምስ

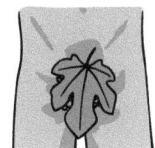

penis

ቁላ

obrva

ቅንድብ

kosa

ፀጉር

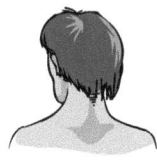

vrat

አንገት

bolnica

ሆስፒታል

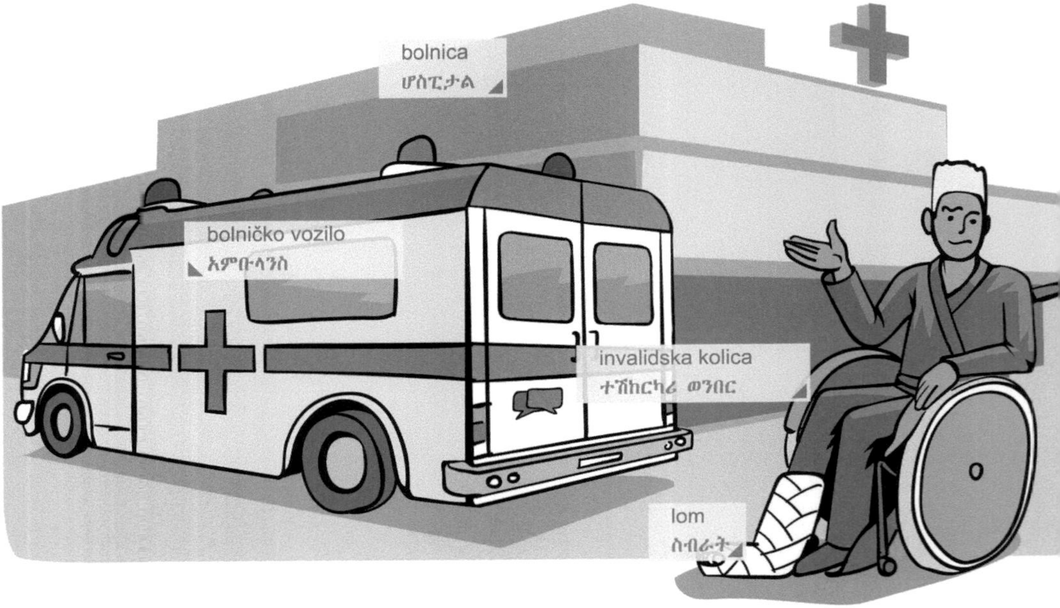

bolnica
ሆስፒታል
bolničko vozilo
አምቡላንስ
invalidska kolica
ተሽከርካሪ ወንበር
lom
ስብራት

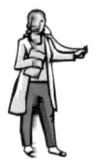

ljekar

ዶክተር

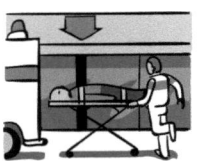

hitna služba

ድንገተኛ ክፍል

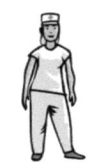

medicinska sestra

ነርስ

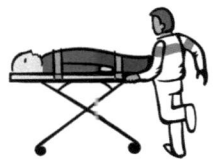

hitna pomoć

ድንገተኛ

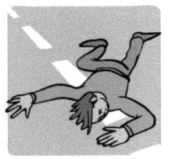

nesvjest

ራስን መሳት/ አለማወቅ

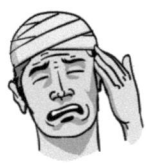

bol

ህመም

povreda

ጉዳት

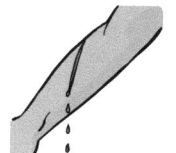

krvarenje

መድማት

srčani udar, infarkt

የልብ ድካም

moždani udar

ስትሮክ

alergija

አለርጂ

kašalj

ሳል

groznica

ትኩሳት

gripa

ኢንፍሉዌንዛ

proljev

ተቅማጥ

glavobolja

የራስ ምታት

rak

ካንሰር

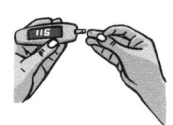

dijabetes

የስኳር በሽታ

hirurg

ቀዶ ጠጋኝ ሐኪም

skalpel

የቀዶ ጥገና ስለት

operacija

ቀዶ ጥገና

CT

ሲቲ

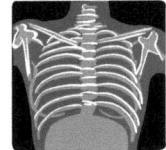

rendgen

ኤክስሬዮ

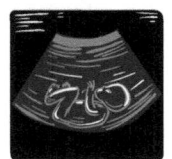

ultrazvuk

አልትራሳዉንድ

maska

የፊት ጭምብል

bolest

በሽታ

čekaonica

መጠበቂያ ክፍል

štake

ምርኩዝ

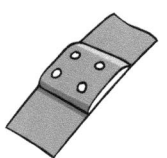

flaster

የቁስል ማሸጊያ

zavoj

ፋሻ

injekcija

መርፌ

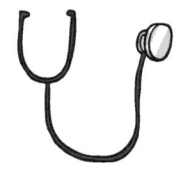

stetoskop

የልብ ምት ማዳመጫ መሳሪያ

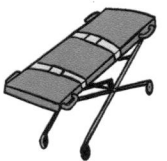

nosilo

የበሽተኛ አልጋ

termometar

የህክምና ሙቀት መለኪያ መሳሪያ

porod

መውለድ

prekomjerna težina, debljina

ከልክ ያለፈ ክብደት

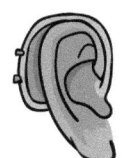

slušni aparat

ለመስማት የሚረዳ መሳሪያ

sredstvo za dezinfekciju

ፀረ ተባይ መድሀኒት

infekcija

ማመርቀዝ

virus

ቫይረስ

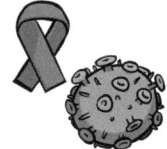

HIV/ AIDS

ኤች አይቪ ኤድስ

medicina

ህክምና

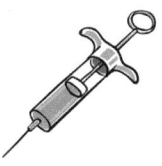

vakcinacija

ክትባት

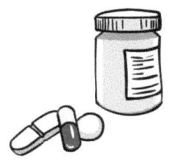

tablete

ኪኒን

pilula

ኪኒን

hitni poziv

አስቸኳይ የስልክ ጥሪ

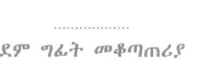

aparat za mjerenje pritiska

ደም ግፊት መቆጣጠሪያ

bolestan / zdrav

ህመም/ ጤንነት

hitna pomoć
ድንገተኛ

Upomoć!

እርዳታ!

alarm

ማንቂያ ደወል

napad, prepad

ጥቃት

napad

ድብደባ

opasnost

አደጋ

izlaz u slučaju opasnosti

የድንገተኛ መዉጫ

Požar!

እሳት!

vatrogasni aparat

እሳት ማጥፊያ

nezgoda

አደጋ

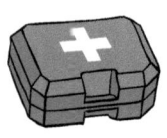

torba prve pomoći

የመጀመሪያ እርዳታ መድሃኒት መያዣ

SOS

ነፍስ አድን

policija

ፖሊስ

Europa

አዉሮፓ

Sjeverna Amerika

ሰሜን አሜሪካ

Južna Amerika

ደቡብ አሜሪካ

Afrika

አፍሪካ

Azija

እስያ

Australija

አዉስትራሊያ

Atlantik

አትላንቲክ

Pacifik

ፓስፊክ

Indijski okean

የህንድ ዉቅያኖስ

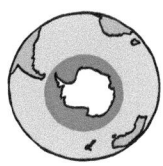

Antarktički okean

አንታርክቲክ ዉቅያኖስ

Arktički okean

አርክቲክ ዉቅያኖስ

Sjeverni pol

ሰሜን ዋልታ

Južni pol

ደቡብ ዋልታ

Antarktik

አንታርክቲካ

Zemlja

ምድር

zemlja

መሬት

more

ባህር

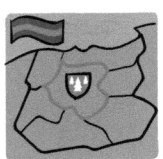

ostrvo

ደሴት

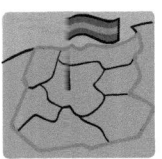

nacija

አገርኛ ህዝብ

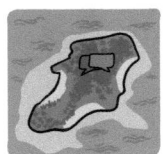

država

መንግስት

sat
ሰዓት

brojčanik sata

የሰዓት ገፅታ

kazaljka sata

ሰዓት

kazaljka minute

ደቂቃ

kazaljka sekunde

ሴኮንድ

Koliko je sati?

ስንት ሰዓት ነው?

dan

ቀን

vrijeme

ጊዜ

sada

አሁን

digitalni sat

የቁጥር ሰዐት

minuta

ደቂቃ

sat

ሰዓታት

pomedjeljak ሰኞ	srijeda ረቡዕ	petak ዐርብ
TU	TH	SA
utorak ማክሰኞ	subota ዳግ	
četvrtak ሙ·ስ		nedjelja ሁ·ድ

juče
ትላንት

danas
ዛሬ

sutra
ነገ

jutro
 መለዳ

podne
ቀትር

veče
ምሽት

radni dani
የስራ ቀናት

vikend
የዕረፍት ቀናት

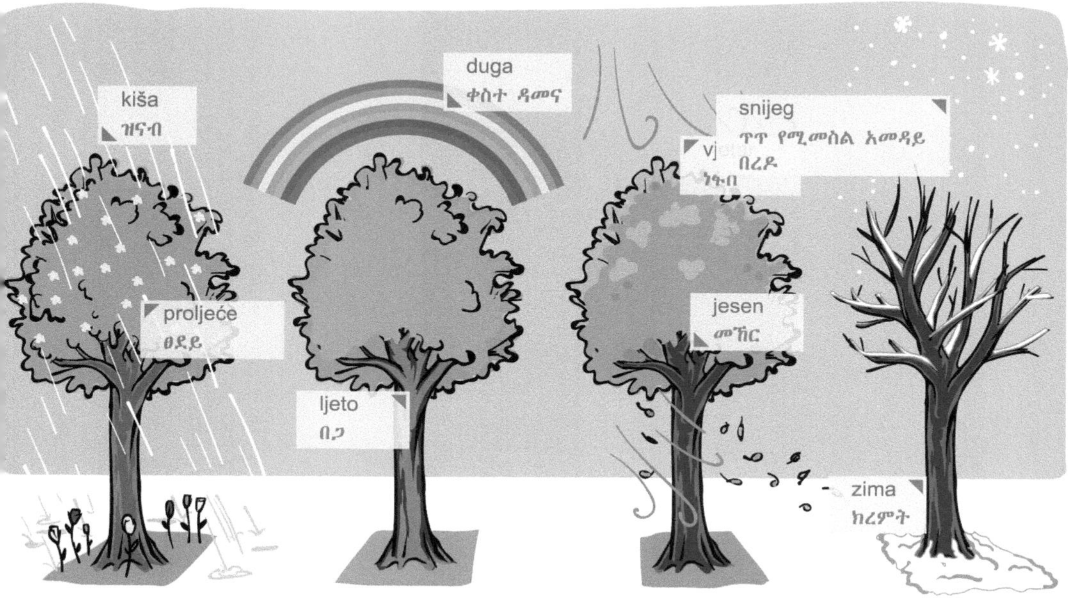

kiša
ዝናብ
duga
ቀስተ ዳመና
snijeg
ጥጥ የሚመስል አመዳይ
በረዶ
vj
ነፋ
proljeće
ፀደይ
jesen
መኸር
ljeto
በጋ
zima
ክረምት

4.APRIL 11°
5.APRIL 4°
6.APRIL 13°
7.APRIL 8°
8.APRIL 10°

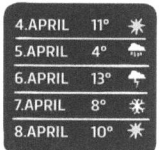

prognoza vremena

የአየር ሁኔታ ትንበያ

F C
120 40
90 30
60 20
30 10
0 0
-30 -10
-20

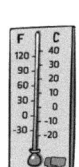

termometar

የሙቀት መለኪያ

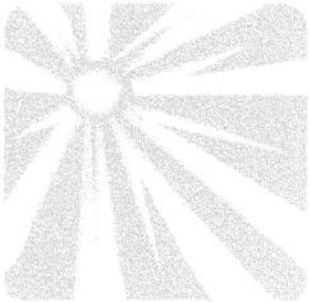

sunčev sjaj

የፀሀይ ሙቀት

oblak

ደመና

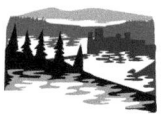

magla

ጭጋግ

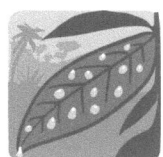

vlažnost vazduha

እርጥበታማነት

munja

መብረቅ

grom

ነጎድጓድ

oluja

አዉሎ ንፋስ

tuča, led

የበረዶ ዝናብ

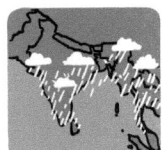

monsun

አዉሎ ንፋስ

poplava

ጎርፍ

led

በረዶ

januar

ጥር

februar

የካቲት

mart

መጋቢት

april

ሚያዚያ

maj

ግንቦት

juni

ሰኔ

juli

ሐምሌ

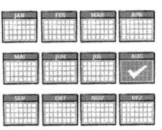

avgust

ነሀሴ

septembar

መስከረም

oktobar

ጥቅምት

novembar

ህዳር

decembar

ታህሳስ

oblici

ቅርፆች

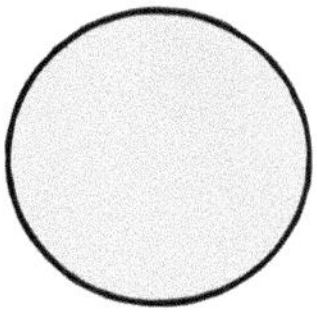

krug

ክብ

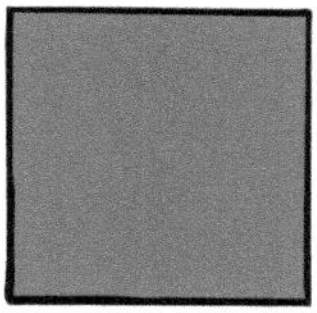

kvadrat

አራት ማዕዘን

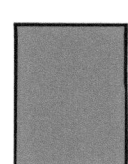

pravougao

አራት ቀጥተኛ ማዕዘኖች ጎኖች ያሉት ቅርፅ

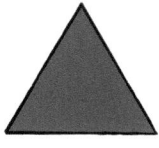

trougao

ሶስት ማዕዘን

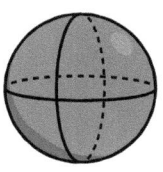

kugla

ሉል

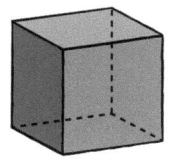

kocka

ስድስት ጎን ያለዉ ቅርፅ

boje

ቀለማት

bjel

ነጭ

žut

ቢጫ

narandžast

ብርቱካናማ

pink

ሮዝ

crven

ቀይ

ljubičast

ወይን ጠጅ

plav

ሰማያዊ

zelen

አረንጓዴ

smeđ

ቡኒ

siv

ግራጫ

crn

ጥቁር

suprotnosti

ተቃራኒዎች

malo / mnogo

ብዙ/ ጥቂት

ljutit / miran

ንዴት/ እርጋታ

lijep / ružan

ቆንጆ/ አስቀያሚ

početak / kraj

ጅማሬ/ ፍፃሜ

veliki / mali

ትልቅ/ ትንሽ

svijetlo / tamno

ደማቅ/ ደብዛዛ

brat / sestra

ወንድም/ እህት

čist / prljav

ንፁህ/ ቆሻሻ

potpun / nepotpun

የተሟላ/ ያልተሟላ

dan / noć

ቀን/ ምሽት

mrtav / živ

የሞተ/ ህያዉ

široko / usko

ሰፊ/ ጠባብ

ukusno / neukusno

የሚበላ/ የማይበላ

zao / prijatan

ክፉ/ ደግ

uzbuđen / dosadan

ደስተኛ/ ድብርተኛ

debeo / mršav

ወፍራም/ ቀጭን

najprije / najkasnije

መጀመርያ/ መጨረሻ

prijatelj / neprijatelj

ጓደኛ/ ጠላት

pun / prazan

ሙሉ/ ጎዶሎ

trvd / mekan

ጠንካራ/ ለስላሳ

težak / lagan

ከባድ/ ቀላል

glac / žeđ

ረሃብ/ ጥማት

bolestan / zdrav

ህመም/ ጤንነት

ilegalan / legalan

ህገወጥ/ ህጋዊ

inteligentan / glup

ጎበዝ/ ደደብ

lijevo / desno

ግራ/ ቀኝ

blizu / daleko

ቅርብ/ ሩቅ

nov / polovan

አዲስ/ አሮጌ

ništa / nešto

ምንም/ የሆነ ነገር

star / mlad

ሽማግሌ/ ወጣት

uključeno / isključeno

የበራ/ የጠፋ

otvoreno / zatvoreno

ክፍት/ ዝግ

tiho / glasno

ፀጥታ/ ጫጫታ

bogat / siromašan

ሃብታም/ ደሃ

tačno / pogrešno

ትክክለኛ/ የተሳሳተ

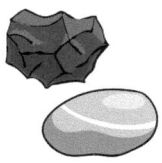

hrapav / glatak

ሻካራ/ ለስላሳ

tužan / srećan

ሐዘን/ ደስታ

kratak / dug

አጭር/ ረዥም

spor / brz

ዝግተኛ/ ፈጣን

mokro / suho

እርጥብ/ ደረቅ

toplo / hladno

ሞቃት/ ቀዝቃዛ

rat / mir

ጦርነት/ ሰላም

brojevi
ቁጥሮች

0

nula

ዜሮ

1

jedan

አንድ

2

dva

ሁለት

3

tri

ሶስት

4

četiri

አራት

5

pet

አምስት

6

šest

ስድስት

7

sedam

ሰባት

8

osam

ስምንት

9

devet

ዘጠኝ

10

deset

አስር

11

jedanaest

አስራ አንድ

12

dvanaest

አስራ ሁለት

13

trinaest

አስራ ሶስት

14

četrnaest

አስራ አራት

15

petnaest

አስራ አምስት

16

šesnaest

አስራ ስድስት

17

sedamnaest

አስራ ሰባት

18

osamnaest

አስራ ሰስምንት

19

devetnaest

አስራ ዘጠኝ

20

dvadeset

ሃያ

100

sto

መቶ

1.000

hiljada

ሺህ

1.000.000

milion

ሚሊዮን

jezici
ቋንቋዎች

engleski

እንግሊዝኛ

američki engleski

የአሜሪካ እንግሊዝኛ

kinesko mandarinski

የቻይና ማንዳሪን

hindi

ሂንዱ

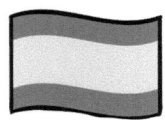

španski

ስፓኒሽ

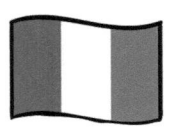

francuski

ፍሬንች

arapski

አረብኛ

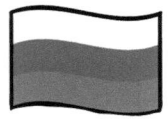

ruski

ራሺያኛ

portugalski

ፖርቹጊዝ

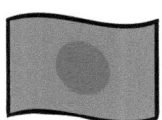

bengalski

ቤንጋሊ

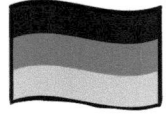

njemački

ጀርመን

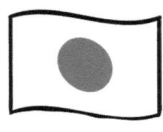

japanski

ጃፓንኛ

ko / šta / gdje

ማን/ ምን/ እንዴት

ja

እኔ

ti

አንተ

on / ona / ono

እሱ/ እርሷ/ እቃዉ

mi

እኛ

vi

አንተ

oni

እነርሱ

ko?

ማን?

šta?

ምን?

kako?

እንዴት?

gdje?

የት?

kada?

መቼ?

ime

ስም

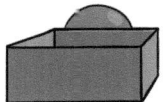

gdje

የት

iza

በስተጀርባ

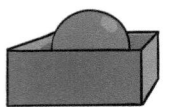

u

ዉስጥ

pred

ከፊት ለፊት

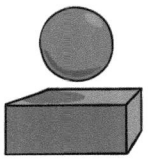

iznad

ከላይ

na

ላይ

ispod

ከስር

pored

አጠገብ

između

መሃከል

mjesto

ቦታ